AF563484

DOCUMENTS INÉDITS

SUR

VAUBAN ET FÉNELON

publiés par le capitaine H. SAUTAI.

VAUBAN AU MARQUIS DE TORCY

Au sujet de son Livre « LA DIXME ROYALE »

A Bazoches, le 18 juin 1700 (1).

Je ne doute pas, Monsieur, que vous ne boudiez contre moi de la bonne façon, car vous avez raison et moi assurément tort, étant en reste de plus de 6 mois, mais attendez que je vous aie dit pourquoi, et après je vous en demanderai pardon.

Il y avait longtemps que j'étais obsédé d'une folie, sur laquelle j'avais souvent médité sans dessein de m'en corriger ; ne pouvant donc plus résister à la tentation, j'y ai succombé et j'y ai travaillé avec une assiduité aussi continuelle que mes autres affaires me l'ont pu permettre pendant tout le temps que je ne vous ai point écrit. Je n'en suis pas même encore bien quitte, car tous les jours j'y ajoute et fichonne quelque chose. Cette folie, dont je suis le père et le parrain, s'appelle « Projet de conversion de la taille, des aides et des douanes provinciales, capitation, affaires extraordinaires, octrois, courtages, jaugeages et plusieurs autres droits onéreux et la plupart arbitraires,

(1) Vol. 305, France, *Mémoires et documents.* Archives du Ministère des affaires étrangères.

en une *Dîme Royale* et mobile (1), selon les besoins de l'Etat », qui doit s'étendre sur tout ce qui porte revenu dans le royaume de quelque nature qu'il puisse être, sans exception de grands ni petits, pas même du Roi, en sorte que M. l'ambassadeur de France chez les louables Cantons paierait la dîme de tous ses bons vins, de ses appointements, pensions, etc., de même que le sieur de Vauban et tous autres sujets de pareille étoffe, même les domestiques du royaume à compter depuis le dernier marmiton jusques aux capitaines des gardes du Roi, afin que nul ne soit exempt, de quelque qualité que ce puisse être, ce qui comprend tous les ecclésiastiques, nobles et roturiers de toutes espèces, même le Roi et tous les princes, et tout cela par le moyen de cette dîme qui établit un tribut sur tous les revenus de la terre, de même que sur l'industrie des hommes, par une proportion simple, naturelle, certaine et aussi bien prouvée qu'une démonstration de géométrie, moyennant quoi l'État, de fort malade et languissant qu'il est, dans peu se porterait à merveilles.

Incrédule comme vous êtes, Monsieur, vous vous moquerez sans doute de ma proposition, et ne manquerez pas de dire : « Diable soit du fol, et du fol encore » ! Fol tant qu'il vous plaira, Monsieur. J'ai bien prévu tous ces titres là et plusieurs autres encore pires, mais ils ne m'ont pas empêché de passer outre. J'en ai présenté le système au Roi à qui je l'ai lu, en 3 soirées de 2 heures et demie chacune, avec toute l'attention possible. Sa Majesté, après plusieurs demandes et réponses, il (*sic*) a applaudi. M. de Chamillart, à qui j'en ai donné une copie, l'a aussi lu, de même que M. le premier président, à qui je l'ai aussi fait voir tout du long. Je ne me suis pas contenté de cela. Je l'ai recommandé au Roi de vive voix et surtout d'en faire faire l'expérience sur quelques-unes des plus petites Elections du royaume, ce que j'ai répété plusieurs fois et fait la même chose à

---

(1) Cette mobilité, suivant mon intention, doit toute se renfermer entre le 10e et le 20e et jamais plus haut ni plus bas. Le sel, par cette proposition, se trouve réduit au tiers et à la moitié de ce qu'il se vend à présent. On ne touche pas au vieux domaine de la couronne, non plus qu'au revenu libre tels que sont les postes, le tabac, café, chocolat, eaux de vie, papier timbré, contrôle des contrats et des exploits, parties casuelles, amendes, épaves, et aux douanes reléguées sur la frontière. De toutes ces parties, jointes ensemble, on compose un quatrième fonds appelé revenu fixe, parce qu'on suppose qu'il ne doit point être mobile, de sorte que tous les revenus du Roi se réduiraient à ces 4 fonds, savoir : la *dîme des fruits de la terre*, la *dîme de l'industrie*, le *sel* et le *revenu fixe*.

M. de Chamillart. Bref, j'ai cessé d'en parler au Roi et à son ministre par leur en écrire à chacun une belle et longue lettre bien circonstanciée avant que partir pour me rendre ici, où, me trouvant éloigné du bruit et plus en repos, j'y ai encore travaillé de sorte qu'à moi, pauvre animal, cela ne me paraît pas présentement trop méprisable. Voilà, Monsieur, ce qui a rempli tous mes vides depuis 6 mois et ce qui m'a fait suspendre le commerce que nous avons ensemble, espérant que vous auriez assez d'indulgence pour moi pour me le pardonner en faveur de ce mauvais système qui pourrait bien devenir bon si on en faisait usage, mais j'oserais bien parier, contre qui voudra, qu'il ne sera jamais exécuté. Aussi je serai justement puni du temps que j'y aurai perdu sans que vous vous en mêliez. Parlons d'autre chose.....

— Le reste de la lettre concerne les fortifications de la ville de Soleure.

DEUX LETTRES INÉDITES

relatives à un projet d'entrevue entre Fénelon et Marlborough, au mois d'octobre 1711.— Magnifique éloge de l'archévêque de Cambrai par l'Intendant de l'armée de Flandre, M. de Bernières.

INTRODUCTION.

On sait qu'il s'établit, pendant la campagne de 1711, une correspondance suivie entre Fénelon et Marlborough. Au désir que lui avait exprimé l'archevêque de voir ses terres du Cateau à l'abri des ravages de l'armée des alliés, Marlborough s'empressa de répondre en accordant à Fénelon les sauvegardes les plus amples, en faisant escorter par des cavaliers de son armée les blés que l'archevêque désirait introduire dans Cambrai, en veillant enfin lui-même à ce qu'aucun dommage ne fût commis sur les terres du Cateau par les fourrageurs des alliés.

Les deux lettres que nous publions ont trait à ces rapports de Fénelon et de Marlborough.

Dans la première, l'intendant de l'armée de Flandre, M. de Bernières, rend compte au Ministre de la Guerre, Voysin, de la proposition faite par Marlborough, au mois d'octobre 1711, d'une entrevue avec Fénelon. Il saisit cette occasion pour célébrer, dans cette belle langue du XVIIe siècle, la conduite généreuse de l'archevêque à l'égard des blessés et malades de l'armée, comme à l'égard des pauvres de son diocèse.

La deuxième lettre, la réponse du Ministre de la Guerre à M. de Bernières, indique les raisons pour lesquelles Louis XIV ne croit point devoir accepter la proposition de Marlborough.

La campagne de 1711 a eu pour théâtre les environs de Bouchain. Nos malades étaient évacués sur Cambrai. Ces derniers furent très nombreux pendant le long séjour de l'armée au camp de Paillencourt, au confluent de l'Escaut et de la Sensée. La nature humide du terrain engendra des fièvres qui remplir nt de nos soldats les hôpitaux de Cambrai, au point même d'exiger le transfert d'une partie des malades à St-Quentin.

Jamais plus vaste champ ne fut ouvert à la générosité et à la charité de Fénelon qu'en cette année 1711 : elles s'élevèrent à la hauteur de ces infortunes et l'éminent intendant de l'armée de Flandre, M. de Bernières, leur a rendu un éclatant hommage qui mérite de passer à la postérité.

M. DE BERNIÈRES A VOYSIN (1).

A Cambrai, le 14 octobre 1711.

Depuis que le Cambrésis est exposé au fourragement des 2 armées, infiniment plus à celle des ennemis, M. l'archevêque de Cambrai, dont les biens ont été entièrement fourragés pendant le cours de cette campagne, a cru devoir prendre des mesures, auprès du duc de Marlborough, pour la conservation de sa terre du Cateau-Cambrésis qui est le seul bien qui lui reste et qui ait pu être sauvé jusqu'à présent, ce qu'il n'a fait qu'après en avoir parlé à M. le Maréchal de Villars et lui avoir demandé s'il n'y trouvait point d'inconvénient, en suite de quoi M. l'archevêque écrivit au duc de Marlborough, qui fit réponse à sa demande avec toutes les honnêtetés qu'on peut désirer, et, qui plus est, qui a eu une attention telle pour le Cateau-Cambrésis qu'il serait difficile de pouvoir exiger rien de plus du général d'une armée amie.

Un semblable procédé, Monsieur, a donné lieu à beaucoup d'honnêtetés réciproques, et enfin M. de Marlborough fit dire avant-hier à M. l'archevêque qu'il avait un désir extrême de pouvoir avoir l'honneur de le voir et l'entretenir ; que, s'il avait été à Valenciennes dans cette saison, comme on lui a dit qu'il avait coutume d'y aller, il n'aurait pu résister à son empressement, et l'aurait peut-être fait enlever nonobstant son passeport pour pouvoir être une heure avec lui ; qu'il le priait instamment de ne lui pas refuser cette satisfaction, comme aussi de ne pas croire, nonobstant ce qui se publiait en bien des endroits, qu'il

(1) Vol. 2309. Arch. hist. du Ministère de la Guerre.

fût opposé à la paix ; qu'il la désirait ardemment et qu'il avait même besoin de repos, ayant 62 ans passés.

M. l'archevêque m'ayant fait part de ce compliment et bien témoigné en même temps que pareil rendez-vous ne lui convenait point et n'étai point de son goût, j'ai cru ne devoir pas laisser, Monsieur, de vous en faire part, croyant qu'on peut en tirer quelques inductions, et qu'une conversation entre 2 hommes aussi déliés, si elle était du goût du Roi, ne laisserait pas d'être curieuse et peut-être utile, étant persuadé que, quoique M. de Marlborough soit fort capable et ait infinement d'esprit, M. l'archevêque ne laisserait pas de découvrir ce qu'il pense sur bien des choses. Si cette conversation avait à se lier, il n'y aurait pas un moment à perdre, et il serait à propos que vous eussiez la bonté de me faire savoir incessamment si elle aurait été jugée convenable par sa Majesté, les armées pouvant ne pas rester longtemps à portée dans la saison où nous sommes : après quoi ce serait une autre affaire de persuader M. l'archevêque, qui ne se mêle point volontiers de ce qui ne concerne pas son ministère.

Je ne puis vous laisser ignorer en cette occasion, Monsieur, que M. l'archevêque, depuis le commencement de la campagne, a été le refuge de tous les malades et affligés de l'armée, dont sa maison n'a cessé un seul jour d'être pleine, sans parler d'une multitude de pauvres du pays qui y sont réfugiés et dont il prend soin ; que tous ses biens, qui sont dans l'Artois et le Cambrésis, ont été fourragés à l'exception de la terre du Cateau, et que ceux qu'il a du côté de Condé et de Valenciennes sont sous l'inondation. En un mot, Monsieur, il a fait et fait journellement tout ce que nous entendons dire de ces anciens évêques si respectables, et c'est parce qu'il voudrait que cela fût ignoré que je crois devoir prendre la liberté de vous le faire savoir. Je suis avec tout le respect que je vous dois, Monsieur, votre très humble et très obéissant serviteur.

VOYSIN A M. DE BERNIÈRES.

A Versailles, le 18 octobre 1711 (1).

J'ai rendu compte au Roi de la lettre que vous avez pris la peine de

(1) Vol. 2309. Arch. hist. du Ministère de la Guerre.

m'écrire du 10 de ce mois, et sa Majesté a entendu avec plaisir la lecture de ce que vous me marquez qu'a fait M. l'archevêque de Cambrai pour le secours et le soulagement d'un grand nombre d'officiers de l'armée malades, qui ont trouvé un bon asile dans sa maison. Il a malheureusement trop d'occasions d'exercer présentement sa charité à l'égard des pauvres de son diocèse,et cela vient dans un temps où les moyens qu'il pourrait avoir de les secourir sont fort diminués par le fourragement et la perte des revenus de son archevêché. Je vois que cela ne l'empêche pas de suffire à tout. Il faut qu'il ait le don de la multiplication.

Pour ce qui regarde la conversation que le milord Marlborough aurait souhaité avoir avec lui, le Roi ne juge pas qu'il convienne, dans la conjoncture présente, de la rechercher ni même de l'accepter. Sa Majesté n'est pas en peine que M. l'archevêque de Cambrai s'en tire bien, et il pourrait aisément pénétrer ce que pense M. de Marlborough par rapport à la paix, mais cette conférence dans laquelle il n'aurait rien été avancé de la part du Roi suffirait pour donner matière aux Hollandais de parler et répandre de faux bruits. Ils se retournent depuis quelque temps de tous côtés pour engager des propositions parce qu'ils croient que la négociation se tourne du côté d'Angleterre. Le Roi ne veut point leur donner cette satisfaction ni faire aucune démarche qui fasse croire aux Anglais qu'on rentre en nouvelle négociation avec la Hollande. M. l'archevêque de Cambrai n'ayant point d'occasion de sortir de sa ville et d'aller à Valenciennes, la proposition qui lui avait été faite par M. de Marlborough tombe d'elle-même, et il ne sera pas embarrassé de faire une réponse honnête pour éluder le rendez-vous.

Lille Imp. L. Danel.

www.ingramcontent.com/pod-product-compliance
Lightning Source LLC
LaVergne TN
LVHW010335230826
846091LV00009B/3880

* 9 7 8 2 0 1 9 9 1 7 0 0 5 *